AF227069

POUR QUI

FAUT-IL VOTER?

—

Aux Électeurs

DE L'ARRONDISSEMENT DE PITHIVIERS

PITHIVIERS

IMPRIMERIE NOUVELLE

—

1877

1877

JANVIER			FÉVRIER			MARS			AVRIL			MAI			JUIN		
\- 7h. 56 a 4h.12			\- 7h. 3? a 4h.50			\- 6h. 44 a 5h.42			5h. 40 a 6h.29			\- 4h. 41 a 7h.13			4h. 3 a 7h.58		
1	L	CIRCONCIS.	1	J	S. Ignace	1	J	S. Aubin	1	D	PAQUES	1	M	S. Phil. S. J.	1	V	S. Pamphile
2	M	S. Clair	2	V	*Purification*	2	V	S. Simplice	2	L	S.F. de Paule	2	M	S. Athanase	2	S	S. Pothin
3	M	Ste Geneviève	3	S	S. Blaise	3	S	Ste Cunegon.	3	M	Ste Irene	3	J	Inv. Ste Croix	3	D	Ste Clotilde
4	J	S. Rigobert	4	D	*Sexagesime*	4	D	*Oculi*	4	M	S. Platon	4	V	Ste Monique	4	L	C S. Quirin
5	V	S. Simeon	5	L	C Ste Agathe	5	L	Ste Perpétue	5	J	C S. Albert	5	S	C C.S. Aug.	5	M	S. Claude
6	S	C *Épiphan.*	6	M	S. Amand	6	M	C Ste Colette	6	V	Ste Prudence	6	D	S. Jean P. L.	6	M	S. Norbert
7	D	Ste Melanie	7	M	S. Romuald	7	M	S. Th. d'Aq.	7	S	S. Hégesippe	7	L	*Rogations*	7	J	S. Lié
8	L	S. Lucien	8	J	S. Jean de M	8	J	S. Jean de D	8	D	S. Gautier	8	M	S. Désiré	8	V	S. Medart
9	M	S. Adrien	9	V	Ste Apoline	9	V	Ste Françoise	9	L	Ste Marie égy.	9	M	S. Grégoire	9	S	Ste Pélagie
10	M	S. Agathon	10	S	Ste Scolastiq.	10	S	40 Martyrs	10	M	S. Macaire	10	J	ASCENSION	10	D	S. Landry
11	J	S. Theodore	11	D	*Quinquages.*	11	D	*Lætare*	11	M	S. Léon pape	11	V	S. Isidore	11	L	S. Barnabé
12	V	S. Arcadius	12	L	Ste Eulalie	12	L	S. Paul év.	12	J	S. Jules	12	S	S. Boniface	12	M	Ste Stephanie
13	S	Bapt. de J-C.	13	M	*Mardi Gr.*	13	M	Ste Euphrasie	13	V	S. Marcel.	13	D	S. Servais	13	M	S. Ant. de P.
14	D	S. Hilaire	14	M	*Cendres*	14	M	Ste Mathilde	14	S	S. Tiburse	14	L	S. Pacôme	14	J	S. Basile
15	L	S. Maur	15	J	S. Faustin	15	J	S. Zachar.	15	D	S. Elme	15	M	S. Jean nep.	15	V	S. Fr. Regis
16	M	S. Guillaume	16	V	Ste Julienne	16	V	S. Cyriaque	16	L	S. Paterne	16	M	S. Honoré	16	S	S. Cyr
17	M	S. Antoine	17	S	S. Flavieni	17	S	S. Patrice	17	M	S. Anicet	17	J	S. Pascal	17	D	S. Avit
18	J	Ch. de S. P.	18	D	*Quadrages.*	18	D	*La Passion*	18	M	S. Parfait	18	V	S. Éric	18	L	Ste Marine
19	V	S. Sulpice	19	L	S. Gabin	19	L	S. Jóseph	19	J	S. Timon	19	S	S. Yves	19	M	S. Gerv. S.P.
20	S	S. Sebastien	20	M	S. Sadoth	20	M	ÉQUINOXE	20	V	S. Théod.	20	D	PENTEC.	20	M	S. Sylvère
21	D	Ste Agnés	21	M	S. Théoph	21	M	S. Benoit	21	S	S. Anselme	21	L	S. Hospice	21	J	SOLSTICE
22	L	S. Vincent	22	J	Ste Isabelle	22	J	S. Émile	22	D	Ste Opportun.	22	M	Ste Julie	22	V	S. Paulin
23	M	S. Raymond	23	V	S. Meraud	23	V	S. Victorien	23	L	S. Georges	23	M	S. Didier	23	S	S. Basilide
24	M	S. Thimothé	24	S	S. Mathias	24	S	S. Simon m.	24	M	S. Leger	24	J	S. Vinc. de L.	24	D	S. Jean-Bap.
25	J	Conv. S Paul	25	D	*Reminiscere*	25	D	*Rameaux*	25	M	S. Marc	25	V	S. Urbin	25	L	S. Prosper
26	V	S. Polycarpe	26	L	S. Nestor	26	L	S. Ludger	26	J	S. Clet	26	S	S. Phil. de N.	26	M	S. Maxence
27	S	S. J. Chrysos.	27	M	O *Éclipse*	27	M	S. Jean erm.	27	V	O S. Anasta.	27	D	O *Trinité*	27	M	Ste Adéle
28	D	*Septuagesi.*	28	M	Ste Aveline	28	M	Ste Dorothée	28	S	S. Vital	28	L	Ste Germain	28	J	S. Irénée
29	L	O S. Fr de S.				29	J	O S. Gontran	29	D	S. Robert	29	M	S. Maximin	29	V	S. Pier. S. P.
30	M	Ste Bathilde			l'année russe retarde	30	V	*Vend.-Saint*	30	L	S. Eutrope	30	M	S. Félix	30	S	Com. de S. P.
31	M	Ste Marcelle			de 12 jours	31	S	Ste Balbine				31	J	FÊTE-DIEU			

POUR QUI 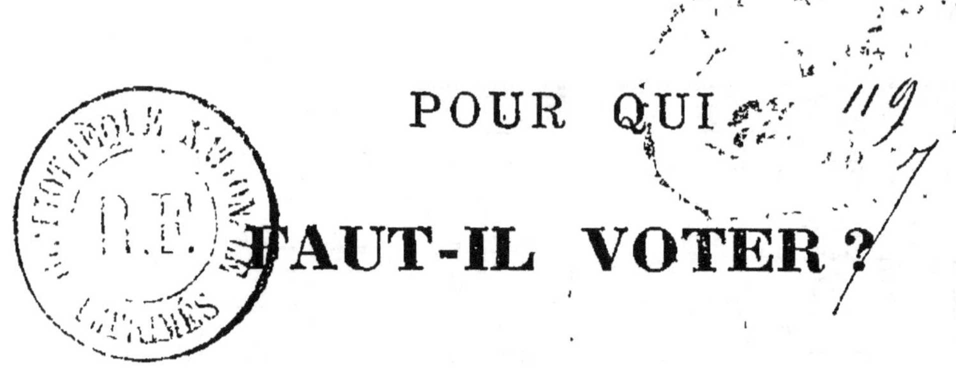 FAUT-IL VOTER ?

Depuis le 16 mai, jour où le ministère de M. Jules Simon a été remplacé par le ministère de M. le duc de Broglie, les affaires languissent dans notre pays, le commerce est arrêté, l'inquiétude règne partout.

Quand est-ce que cela va finir ?

Cela serait fini déjà, si le ministère l'avait voulu ! Pour restituer immédiatement au pays, qu'avait troublé le coup du 16 Mai, la tranquillité et le calme, le ministère n'avait qu'une chose à faire : convoquer les électeurs.

Cette convocation, il faut qu'on ne l'oublie pas, aurait pu être faite le jour même de la dissolution. Mais les hommes qui siégent dans le ministère ne sont pas pressés d'en sortir. Ils ne souffrent pas, eux, puisqu'ils sont ministres ! Aussi prennent-ils leur temps ; et ce temps, ils l'emploient à bouleverser le pays.

Conséquence : au moment où doit régner dans les campagnes l'activité la plus grande, au moment où la récolte finit, au moment où les vendanges commencent, le paysan va se trouver, cette année, dérangé de son travail !

Ainsi, l'intérêt du pays est d'en finir au plus vite. Au contraire, l'intérêt des hommes dont le maréchal de Mac-Mahon a eu la faiblesse de s'entourer consiste à traîner les choses en longueur ; et ces hommes ont l'égoïsme de mettre leur intérêt personnel au-dessus de l'intérêt du pays !

L'intérêt du pays ! Ah ! si l'on avait bien songé à cela, est-ce qu'on aurait fait la dissolution ?

— Non, certes ; car aucune Chambre ne comprit jamais mieux l'intérêt du pays que celle qui vient d'être si injustement chassée.

Ah ! cette Chambre n'a point perdu son temps à flatter et à caresser le pouvoir.

Elle a pensé, au contraire, que son devoir était d'examiner minutieusement et sévèrement, ce que le pouvoir faisait avec l'argent du pays, avec l'argent des contribuables. Son examen lui a montré qu'il y avait bien des abus et ces abus elle a hautement manifesté l'intention de les détruire.

Elle savait bien qu'elle s'attirait ainsi la colère et la haine de tous ceux à qui ces abus profitaient. Mais son but n'était pas de plaire à ces hommes : son seul but était de bien servir la France.

On n'a pas eu honte de jeter cette Chambre à la porte ; mais, en partant, elle a eu la satisfaction d'entendre partout répéter qu'elle avait mérité l'affection et la reconnaissance de tous les électeurs sensés.

En effet, le principal effort de cette Chambre était de bien remplir le mandat qu'elle avait reçu du pays : celui de consolider en France le gouvernement républicain, c'est-à-dire le gouvernement qui veut que tous les hommes soient égaux devant la loi.

C'est justement ce qui ne pouvait manquer de choquer certains personnages orgueilleux qui, se croyant plus que tout le monde, repoussent le principe de l'égalité comme une injure à leur adresse.

Ces hommes, ce sont, pour la plupart, ceux qui se donnent fièrement le nom de *conservateurs* ! Mais ce nom, c'est par une véritable usurpation qu'ils s'en emparent.

Ils ne veulent, en effet, *conserver* ni la République, ni le suffrage universel, ni aucune des libertés conquises par nos pères en 1789.

Savez-vous ce qu'ils veulent *conserver* ? Leurs priviléges, leurs prérogatives, leurs passe-droits.

Ils sont des *conservateurs* comme ceux qui, au moment de la Révolution, voulaient *conserver* la dîme, les corvées, les redevances, la taille et tous les plus intolérables abus !

Donc, ces hommes ont eu peur de se voir enlever les faveurs et les priviléges qu'ils devaient à leurs titres et à leur naissance. Ils ont craint de ne plus occuper si facilement les places, les fonctions et les emplois, quand les républicains les auraient rendus accessibles seulement aux plus dignes et aux plus instruits.

Aussi leur irritation a-t-elle vivement éclaté. Ils ont crié comme des victimes qu'on égorge, et le malheur a voulu qu'ils eussent assez d'influence pour toucher un moment la pitié du maréchal.

Ils demandaient au maréchal de provoquer une dissolution de cette Chambre qui les gênait. Le maréchal n'a pas eu l'énergie de résister à leurs sollicitations et à leurs flatteries. Il a cédé.

Personne n'oubliera à la suite de quelles circonstances cette dissolution s'est faite.

C'est par les manœuvres des cléricaux que la crise fut ouverte. Nous disons *des cléricaux*. Or, le cléricalisme, chacun sait ce que c'est, n'est-ce pas ?

Le cléricalisme, c'est la folie dangereuse de quelques hommes qui veulent que le curé ait un pouvoir souverain dans les affaires de la commune, que les évêques aient un même pouvoir dans les affaires de la France, et que le pape, enfin, dirige en maître toutes les affaires du monde.

Les cléricaux ne sont pas des hommes pieux, prenez-y garde ! Croyez bien qu'ils se soucient peu de Dieu et de la religion. Mais ils ont besoin de la protection du clergé et ils se soumettent à lui pour obtenir ses faveurs.

Dès maintenant, savez-vous quel est leur désir ? Ils veulent amener la France à faire une guerre, pour conquérir au pape un trône et une couronne !

Mais est-ce que le pape a besoin d'être roi ? Non. Comme Jésus-Christ l'a dit, *son royaume n'est pas de ce monde.*

Le pape, écoutez bien ceci, n'est pas du tout à plaindre. On dit qu'il est prisonnier : quel mensonge audacieux ! Le pape est libre ; il est maître de voyager, d'aller et de venir dans le monde entier. A Rome, il n'habite pas une prison, mais un palais somptueux, plus beau et plus vaste que celui d'aucun roi ou d'aucun empereur. Il dépense, enfin, plusieurs millions chaque année.

On le voit, nos soldats n'ont pas besoin d'aller se faire tuer pour lui !

Et pourtant on se rappelle avec quelle ardeur, au commencement de cette année, les évêques se mirent tout à coup à prêcher et à écrire, demandant que l'on fît la guerre en faveur du pape pour lui conquérir un royaume. Cette agitation des évêques prit une intensité si grande que plusieurs d'entre eux, notamment l'évêque de Nevers, osèrent adresser des lettres hautaines et injurieuses au maréchal de Mac-Mahon pour le sommer de déclarer la guerre. A qui ? A celui des peuples qui aime le plus la France, c'est-à-dire au peuple italien !

Qui pourrait avoir oublié tout ce qui se passa alors ? L'Europe s'irritait en voyant dans quelle aventure fatale la France semblait vouloir s'engager ; les épées commençaient à s'agiter dans les fourreaux prussiens : la guerre nous menaçait. Afin de l'éviter, les députés votèrent, le 4 mai, un ordre du jour qui adjurait le gouvernement de réprimer les menées ultramontaines. Cet ordre du jour patriotique était ainsi conçu :

« La Chambre, considérant que les manifestations ultramontaines, dont la recrudescence pourrait compromettre la sécurité intérieure et extérieure du pays, constitue la plus flagrante violation des lois de l'Etat, invite le gouvernement, pour réprimer cette agitation antipatriotique, à user des moyens légaux dont il dispose. »

Ainsi, on ne demandait au gouvernement qu'une chose bien juste : faire respecter les lois qui régissent les rapports du clergé avec l'Etat.

Malgré cela les évêques et les curés se montrèrent très-irrités. Ils mirent en mouvement toutes leurs influences, ils se remuèrent, ils intriguèrent, et, finalement, ils firent si bien qu'ils obtinrent de la condescendance du maréchal le renvoi du ministère qui avait accepté la mission de mettre un terme à l'agitation cléricale.

Le 16 mai, en effet, le ministère Jules Simon fut brusquement chassé et remplacé par le ministère de Broglie. Il n'y eut pas un homme sensé en Europe qui ne déclarât voir là le triomphe du cléricalisme.

La Chambre des députés ne put même pas protester : elle avait été prorogée pour un mois.

Mais à son retour, le 19 juin, après une interpellation à laquelle les ministres, mis en demeure de s'expliquer, ne surent répondre que par les déclarations les plus banales et les promesses les plus équivoques, la Chambre formula la pensée intime du pays dans l'admirable ordre du jour que voici :

« La Chambre des députés,

« Considérant que le ministère formé le 17 Mai par le président de la République, et présidé par M. de Broglie, a été appelé aux affaires contrairement à la loi des majorités qui est la règle des gouvernements parlementaires ;

« Qu'il s'est dérobé dès son entrée aux affaires, à toute explication devant les représentants du pays ;

« Qu'il a bouleversé l'administration afin de peser sur le suffrage universel par tous les moyens dont il pourrait disposer ;

« Qu'il ne représente qu'une coalition de partis monarchiques conduite par les inspirateurs du parti clérical ;

« Que c'est ainsi que, depuis le 17 mai, il a laissé impunies les attaques dirigées contre la représentation nationale et les excitations à la violation de la loi.

« Qu'à tous ces titres, il est un danger pour l'ordre et pour la paix en même temps qu'une cause de trouble pour les affaires et les intérêts.

« Déclare que le ministère n'a pas la confiance des représentants de la nation. »

Devant ce vote solennel, où les 363 députés républicains attestèrent une fois de plus leur indissoluble union, le maréchal de Mac-Mahon ne crut pas devoir s'incliner.

Il était mal conseillé, mal guidé par ses ministres. Ceux-ci étaient les chefs mêmes des hommes qui désiraient depuis longtemps voir dissoudre la Chambre. Ils profitèrent donc de leur présence au pouvoir et, poussé par eux, le maréchal fit un pas de plus dans la voie funeste où il s'était engagé : Il prononça la dissolution !

Voilà comment s'est faite cette dissolution, si préjudiciable aux intérêts du pays.

Et maintenant, après avoir dissous la Chambre, on l'insulte.

Chaque semaine, le ministère fait imprimer un placard, le *Bulletin des Communes*, où les anciens députés sont indignement calomniés. L'injure est bien facile, surtout quand on dispose de la force et que l'on empêche ses adversaires de répondre.

Mais l'injure ne prouve rien. Elle retombe au contraire, sur les maladroits qui s'en servent ; car chacun se dit que l'on n'a recours à l'injure que lorsque l'on n'a pas de reproches sérieux à faire à ses adversaires.

Quoi qu'il en soit, le pays est appelé à renommer des députés.

Pour qui va-t-il voter ?

Cette question, l'électeur est assez sage pour la résoudre facilement lui-même.

L'étecteur, cela est certain, comprend l'importance de son vote, et il ne sacrifiera pas les intérêts du pays.

L'électeur sait qu'il n'a besoin d'avoir de complaisance pour personne, et que, surtout, il n'en doit pas aux ministres qui en ont si peu pour lui.

Aussi, autant le maréchal a été faible à leur égard, autant les électeurs se montreront énergiques.

Quand un candidat leur sera présenté *au nom du maréchal*, ils comprendront bien que cela voudra dire : *Présenté au nom des ministres*. Or, ces ministres, ce sont les hommes qui ont renversé M. Thiers en 1873. Cela ne leur a pas suffi, paraît-il, car les voilà maintenant qui sont sur le point de conduire le maréchal à sa chute !

L'électeur votera donc hardiment contre les candidats patronnés par le gouvernement.

Nous le répétons, si le maréchal leur prête son concours, c'est qu'il a été induit en erreur sur les véritables intentions du pays.

Il faut protéger le maréchal contre ses propres égarements.

✕

Au surplus, les électeurs intelligents comprendront facilement qu'en tout. temps, mais plus que jamais aujourd'hui les candidats patronés par le gouvernement soient précisément les premiers qu'il faille écarter.

Savez-vous pourquoi ?

C'est que, comme la mission des députés est de contrôler tous les actes du gouvernement. il ne faut pas que ces députés puissent être des COMPÈRES du gouvernement.

Il ne faut pas que les députés soient disposés à fermer les yeux et à laisser faire.

Or, si le gouvernement fait nommer députés tous ses amis, et rien que ses amis, il sera alors bien à l'aise pour faire tout ce qu'il voudra sans être jamais blâmé, ni même surveillé.

Donc, règle sans exception : TOUT CANDIDAT SOUTENU PAR LE GOUVERNEMENT EST UN CANDIDAT DONT IL FAUT SE DÉFIER ET QU'IL EST SAGE D'ÉCARTER.

Chose curieuse, d'ailleurs, et qui vaut la peine qu'on y réfléchisse !

Parmi les candidats que le gouvernement recommande aujourd'hui, il y a des bonapartistes, des légitimistes, des orléanistes, mais il n'y a pas parmi eux un seul républicain.

Pourquoi cela ?

C'est que les bonapartistes, les légitimistes et les orléanistes ont fait alliance dans le cléricalisme, et que les hommes qui sont aujourd'hui au gouvernement, y étant monté par l'appui du clergé, n'ont, pour y rester qu'un moyen, faire triompher le cléricalisme.

Comme on l'a dit fort justement, le gouvernement d'aujourd'hui, *c'est le gouvernement des curés.*

Or, ce gouvernement-là, tous les républicains le répudient avec énergie, parce qu'il amènerait fatalement la guerre avec toutes les puissances européennes, et que cette guerre aurait pour résultat la ruine et le démembrement de la France !

×

Faut-il en donner des preuves !... En voici :

Le 4 juillet, un des journaux les plus importants de Berlin, la *Post*, a imprimé ce qui suit :

« Les intentions du maréchal de Mac-
« Mahon peuvent être aussi pacifiques qu'il
« le voudra : les éléments cléricaux sur
« lesquels il est obligé de s'appuyer l'en-
« traîneront à des conséquences *directe-*
« *ment contraires à ses intentions.*

« Nous attendons L'ARME AU PIED...

« La France est appelée à une sorte de
« plébiscite, et nous ne devons pas nous
« lasser de montrer les conséquences né-
« cessaires de sa décision : la République
« en France, C'EST LA PAIX POUR L'EUROPE ;
« une monarchie qui s'appuie sur le cléri-
« calisme, C'EST LA GUERRE ! »

Nous ne voulons pas multiplier les citations, mais nous pouvons dire que de pareilles déclarations ont été faites par tous

les journaux de l'Allemagne, de l'Angle-
terre, de la Russie, de l'Autriche, de l'Italie
et même des Etats-Unis.

Nous ne pourrons pas dire que nous n'é-
tions pas avertis !

Mais, dira-t-on, si le triomphe du cléricalisme doit avoir des conséquences si désas-
treuses pour la France, comment se fait-il
que les partis monarchiques aient fait
alliance avec le cléricalisme ?

La réponse est bien facile :

C'est que les partis monarchiques veulent remonter au pouvoir, coûte que
coûte.

C'est que, chose terrible à dire, les partis
monarchiques aiment mieux régner sur la
France appauvrie et diminuée que de ne
pas régner du tout !

Or, le clergé est riche, il est fort et il peut
les aider pour beaucoup à regagner la puis-
sance qu'ils ambitionnent.

Voilà pourquoi ils le flattent. Le secret
de leur bassesse est dans leur cupidité !

Ainsi, les monarchistes ont toujours en
vue leur intérêt personnel.

Les républicains, au contraire, n'ont en
vue que les intérêts de la France.

Cependant, si les républicains refusent de faire cause commune avec les cléricaux, il ne faut pas croire pour cela que les républicains en veuillent à la religion.

On le dit, mais ce n'est pas vrai.

Et la preuve que ce n'est pas vrai, la voici :

En 1820, le gouvernement du très-pieux et très-catholique Louis XVIII dépensait pour le budget du culte environ 24 millions.

En 1877, savez-vous combien la Chambre républicaine a voté d'argent pour le même objet ?

PRESQUE 55 MILLIONS !

Voilà comment les républicains veulent détruire la religion !

Non, ce qui est vrai, c'est que la France est religieuse. Seulement, elle ne veut pas se plier à la domination du clergé.

C'est pourquoi la République n'empêchera jamais que les curés soient maîtres dans leurs églises ; mais elle ne voudrait pas permettre qu'ils fussent les maîtres de la France.

Et, comme il faut bien insister là-dessus, nous répéterons ce que disait récemment un député républicain, aux applaudissements de la Chambre et du pays : « Le prêtre dans son église est justement respecté et ne rencontre d'opposition que lorsqu'il sort de son ministère... Que le clergé se renferme dans sa mission sacerdotale, qu'il reste étranger à nos luttes politiques, et il sera l'objet du respect général (1). »

×

Ainsi, vous ne devez pas seulement repousser les candidats bonapartistes, parce qu'ils sont bonapartistes, vous devez les repousser parce qu'ils sont les souteneurs des curés.

Vous ne devez pas seulement repousser les candidats légitimistes, parce qu'ils sont légitimistes ; vous devez les repousser parce qu'ils sont les souteneurs des curés.

Vous ne devez pas seulement repousser les candidats orléanistes, parce qu'ils sont orléanistes ; vous devez les repousser parce qu'ils sont les souteneurs des curés.

×

Mais il y a une catégorie de candidats dont il faut surtout se défier.

Electeurs ! il y a des hypocrites qui vous disent : « Ne nous demandez pas notre

---

(1) M. Guichard, rapport sur l'élection de Pontivy.

opinion politique. La Constitution établit que la République sera le gouvernement de la France jusqu'en 1880. Attendez donc que cette date soit arrivée pour connaître nos préférences ; jusqu'en 1880, que la France soit calme et travaille : dans trois ans, elle se choisira librement le gouvernement qu'elle voudra. »

Ils disent cela ; et le *Bulletin des Communes* répète effrontément après eux qu'il sera temps de parler politique en 1880.

Mensonge, mensonge !

Lorsque, en 1880, la forme du gouvernement sera remise en question, quels sont donc les députés par le vote desquels cette question sera résolue? Ce seront précisément, qu'on l'entende bien, les députés *que vous allez nommer cette fois-ci*. Ce n'en seront pas d'autres ; car d'ici 1880, il n'y aura pas d'élections nouvelles pour la Chambre des députés.

Vous devez donc, électeurs, vous enquérir avec soin des opinions des candidats qui se présenteront devant vous ; et, s'il en est qui refusent de se prononcer nettement, vous leur refuserez vous-mêmes impitoyablement vos suffrages.

Car les hommes qui cachent leur parti, vous comprenez bien ceci, sont des hommes qui veulent vous tromper.

L'électeur connaît son devoir.

Chaque arrondissement renommera son ancien député, si celui-ci a mérité d'être réélu.

Les électeurs patriotes écarteront impitoyablement, au contraire, ceux des anciens députés qui ont méconnu leurs devoirs envers le pays.

C'est dire que les électeurs renommeront les 363 députés républicains dont l'illustre M. Grévy disait, le 25 juin 1877, QU'ILS N'AVAIENT PAS CESSÉ UN SEUL JOUR DE BIEN MÉRITER DE LA FRANCE.

C'est dire aussi que plus d'un des membres qui composaient la minorité turbulente de la Chambre des députés restera sur le carreau. Le pays remplacera ces députés par des hommes dévoués à la République.

$\times$

La majorité républicaine s'est, en effet, rendue digne de la confiance et de la reconnaissance du pays.

Nous rappelions tout à l'heure l'esprit de justice et d'économie qui avait dirigé ses actes. Elle ne voulait pas accorder un centime au gouvernement, sans savoir que ce centime trouvait un emploi utile.

Cependant, les républicains n'ont pas été

avares et ils ont donné généreusement des millions, le pays le sait et il s'en souviendra, pour construire des écoles jusque dans les moindres villages et pour augmenter le traitement des instituteurs, dont la pension de retraite a été presque doublée. C'est ainsi que le budget de l'instruction publique qui, à la fin de l'Empire, n'était que de 24 millions, s'élève pour 1877 à 49 millions !

Les républicains ont donné des millions pour élever la solde des facteurs ruraux et des desservants de village.

Ils ont donné des millions pour améliorer le logement, l'équipement et la nourriture des soldats.

Et, chose digne d'attention ! pour subvenir à toutes ces dépenses nouvelles, les républicains n'ont pas institué un seul impôt nouveau. Où donc puisaient-ils les ressources nécessaires ? Ces ressources, ils les trouvaient uniquement dans les économies provenant des abus par eux supprimés ! Voilà l'étonnant résultat de leur minutieux contrôle !

Bien plus ! non-seulement ils ne créaient pas d'impôts nouveaux, mais ils abolissaient les plus durs à supporter parmi les anciens, ceux qui pesaient sur le pauvre ou qui gênaient le commerce. C'est ainsi qu'ils diminuèrent de deux décimes et demi l'impôt du sel. Et, au moment même où la dissolution fut prononcée, ils s'apprêtaient à abolir l'impôt sur les transports par petite vitesse et à diminuer les taxes établies par la poste pour l'affranchissement des lettres.

Quel enseignement ressort de là ? C'est que les républicains manifestent, en toute occasion, que leur caractère est de songer avant tout aux humbles et aux petits. Tandis qu'au contraire, les gouvernements monarchiques ont toujours montré qu'ils n'aimaient à s'occuper que des forts et que des grands.

✕

Comment, d'autre part, les électeurs pourraient-ils oublier que c'est la République qui a remis sur pied la France, si misérablement blessée sur les champs de bataille de 1870 ? Où les prétendants se cachaient-ils donc alors ? Ils ne se laissaient guère voir !

La République a refait à la France une armée solide et forte, bien que l'on n'y serve plus que cinq ans, quatre ans et demi même, au lieu d'y rester sept ans comme sous l'Empire.

La République a relevé le crédit national, à ce point qu'en 1872 la France ayant besoin d'emprunter trois milliards pour la libération du territoire, on lui en offrit quarante trois !

La République, en peu d'années, a rendu à la France le prestige et le rang qu'elle avait perdus, et l'Exposition internationale qui doit avoir lieu à Paris, en 1878, sera la revanche définitive et pacifique que la République française entend prendre sur la Prusse et l'Allemagne.

Aussi tous les hommes sensés de tous les partis ont-ils adhéré maintenant à la République. C'est l'honneur du parti républicain de compter dans ses rangs plus d'un des anciens chefs des partis monarchiques.

Comme l'illustre M. Thiers, ces hommes ont compris que la République était le salut de la France, et patriotiquement, sans hésiter, ils ont adopté cette forme de gouvernement.

Voilà pourquoi la France, qui n'avait, il y a quinze ans, que cinq députés républicains, comptait, en 1877, 363 députés et 140 sénateurs dévoués à la République.

Ce beau mouvement d'ascension continuera, sans aucun doute ; et, chaque fois que la France sera appelée à faire des élections nouvelles, elle augmentera le nombre de ses députés républicains.

><

Qu'est-ce, en effet, que la République ?

C'est le gouvernement, qui, en 1789, à affranchi nos pères de la dîme qu'ils payaient au clergé et des corvées nombreuses auxquelles les obligeaient les seigneurs.

C'est le gouvernement. qui a donné au paysan le droit de posséder, comme propriétaire, la terre à laquelle il était autrefois attaché comme un esclave.

C'est le gouvernement qui a proclamé l'égalité des hommes devant la loi ; de sorte qu'aujourd'hui le président de la République lui-même doit le respect au dernier des citoyens et qu'on voit, en ce moment même des préfets tenus en échec devant les tribunaux, malgré leur fierté, par de simples marchands de journaux, par de simples colporteurs, dont ils ont méconnu les droits et qui vont les faire condamner.

C'est, enfin, le gouvernement qui, en établissant le suffrage universel, a donné à tous les citoyens le droit de prendre leur part aux affaires publiques ; car les affaires publiques n'intéressent pas moins le pauvre que le riche, et il faut que l'opinion de l'un ait autant de poids que celle de l'autre.

Voilà, en peu de mots, ce que c'est que la République.

✕

A ce gouvernement, quel autre gouvernement les citoyens pourraient-ils donc préférer ?

En face des républicains, sortis du peuple et dévoués au peuple, on voit les hommes des anciens partis, qui, après avoir si longtemps opprimé et pressuré la nation, veulent encore aujourd'hui l'opprimer et la pressurer, parce que c'est pour eux le seul moyen d'être riches et puissants.

Ducs, marquis, comtes et barons font aujourd'hui une tentative désespérée pour ressaisir le pouvoir. Ne les laissez pas triompher : leur victoire vous perdrait, vous ramènerait toutes les souffrances d'avant la Révolution.

Et savez-vous ce qui périrait en même temps que la République? Ce serait la France.

Tandis, en effet, que les républicaies sont si unis, voyez combien sont divisés leurs adversaires : légitimistes, bonapartistes, orléanistes, tous se haïssent et sont chaque jour sur le point d'en venir aux mains.

Aujourd'hui, cependant, ils ont encore

un sentiment commun qui les retient : c'est la haine de la République.

Mais la République une fois mise de côté, ils se battraient entre eux, et ce serait l'anarchie.

Ce serait la guerre civile ; et à la guerre civile, nous l'avons démontré tout à l'heure, s'ajouterait la guerre étrangère !

Ce serait la ruine de la France, qui a tant besoin d'avoir, enfin, la sécurité et le calme.

Il n'y a donc pas à hésiter.

Il faut voter pour les candidats de l'économie dans le budget.

Il faut voter pour les candidats de l'égalité devant la loi.

Il faut voter pour les candidats de la liberté.

Il faut voter pour les candidats de la paix.

IL FAUT FERMEMENT VOTER POUR LA RÉPUBLIQUE !

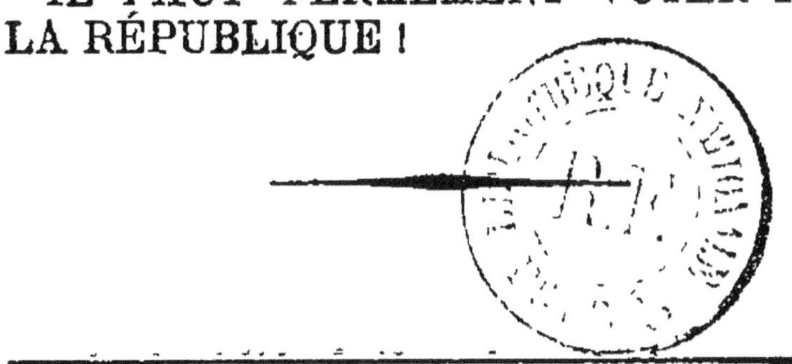

PITHIVIERS. — H. LAURENT, IMPRIMEUR.

1877 ♌ JUILLET			♍ AOUT			♎ SEPTEMBRE			♏ OCTOBRE			➡ NOVEMBRE			♑ DÉCEMB. 1877		
☽ 4 h. 2 à 8h. 5			☽ 4 h. 35 à 7 h. 37			☽ 5 h. 18 à 6 h. 41			☽ 6 h. 1 à 5 h. 37			☽ 6 h. 49 à 4 h. 38			☽ 7 h. 35 à 4 h. 4		
1	D	S. Thibaut	1	M	S? Sophie	1	S	S. Gilles	1	L	S. Remi	1	J	TOUSSAINT	1	S	S. Eloi
2	L	Visit. de N.D.	2	J	☾ S. P. a. L.	2	D	S. Alphonse	2	M	SS. Ang. gar	2	V	*Trepassés*	2	D	*Avent*
3	M	☾ S. Anatole	3	V	S. Étienne p.	3	L	S. Gregoire	3	M	S. Denys	3	S	S. Hubert	3	L	S. Fulgence
4	M	S? Berthe	4	S	S. Dominiq.	4	M	S? Rosalie	4	J	S. Fr. d'Ass.	4	D	S. Charles	4	M	● S? Barbe
5	J	S? Zoé	5	D	S. Lucain	5	M	S. Bertin	5	V	S. Placide	5	L	● S? Bertille	5	M	S. Nicet
6	V	S? Angèle	6	L	*Transfigur.*	6	J	S. Éleuthère	6	S	● S. Bruno	6	M	S. Léonard	6	J	S. Nicolas
7	S	S? Aubierge	7	M	S. Gaétan	7	V	● S. Cloud	7	D	S? Juliette	7	M	S. Ernest	7	V	S. Ambroise
8	D	S? Céline	8	M	S. Émilien	8	S	*La Nativité*	8	L	S? Brigitte	8	J	*Reliques*	8	S	S. Alfred
9	L	S. Cyrille	9	J	● S. Camille	9	D	S. Omer	9	M	S. Denys év.	9	V	S. Mathurin	9	D	S? Léocadie
10	M	● S? Félicité	10	V	S. Laurent	10	L	S? Pulchérie	10	M	S. Fr. Borgia	10	S	S. Juste	10	L	S? Valère
11	M	Tr. S. Benoît	11	S	S? Suzanne	11	M	S. Hyacinthe	11	J	S. Probe	11	D	☽ S. Martin	11	M	S. Damase
12	J	S. Gualbert	12	D	S? Claire	12	M	S. Raphaël	12	V	S. Conrad	12	L	S. René	12	M	☽ S? Roselin.
13	V	S. Eugène	13	L	S. Hippolyte	13	J	S. Maurille	13	S	S. Édouard	13	M	S. Brice	13	J	S? Luce
14	S	S. Bonavent.	14	M	S. Eusebe m.	14	V	☽ Ex. de S? C.	14	D	☽ S. Caliste	14	M	S. Pantene	14	V	S. Nicaise
15	D	S. Henri	15	M	☽ ASSOMP.	15	S	S. Nicomede	15	L	S? Thérèse	15	J	S? Gertrude	15	S	S. Eusebe
16	L	N-D du M.C.	16	J	S. Roch	16	D	S. Corneille	16	M	S. Gal	16	V	S. Eucher	16	D	S? Adelaide
17	M	☽ S. Alexis	17	V	S. Mammès	17	L	S. Lambert	17	M	S? Edvige	17	S	S. Agnan	17	L	S? Olympe
18	M	S. Frédéric	18	S	S? Hélène	18	M	S. Ferréol	18	J	S. Luc	18	D	S. Romain	18	M	S. Gatien
19	J	S V. de Paul	19	D	S. Louis év.	19	M	S. Janvier	19	V	S. Savinien	19	L	S? Élizabeth	19	M	S. Cyprier
20	V	S? Marguerit	20	L	S. Bernard	20	J	S. Eustache	20	S	S. Agricol	20	M	○ S. Edmond	20	J	○ S. Philad.
21	S	S. Victor	21	M	S. Privat	21	V	S. Mathieu	21	D	S? Ursule	21	M	Prés. de N.D	21	V	SOLSTICE
22	D	S? Madeleine	22	M	S. Pie	22	S	○ ÉQUINOXE	22	L	○ S. Phil. II.	22	J	S? Cécile	22	S	S. Fabien
23	L	S. Apollinair	23	J	○ *Éclipse*	23	D	S. Lin	23	M	S. Léotade	23	V	S. Clement	23	D	S? Victoire
24	M	S? Christine	24	V	S. Barthel.	24	L	S. Gérard	24	M	S. Magloire	24	S	S. J. de la Cr.	24	L	S? Émilienne
25	M	○ S. Jacq. m.	25	S	S. Louis roi	25	M	S. Firmin	25	J	S. Crépin	25	D	S? Catherine	25	M	NOEL
26	J	S? Anne	26	D	S. Zéphyrin	26	M	S? Justine	26	V	S. Évariste	26	L	S. Pier. d'Al.	26	M	S. Étienne
27	V	S. Pantaleon	27	L	S. Cesaire	27	J	S. Cosme	27	S	S. Frumence	27	M	☾ S. Maxime	27	J	☾ S. Jean ap.
28	S	S. Nazaire	28	M	S. Augustin	28	V	S. Venceslas	28	D	S. Sim. S. Jud	28	M	S? Blanche	28	V	SS. Innocents
29	D	S? Marthe	29	M	S Merry	29	S	S. Michel ar.	29	L	☾ S. Narcisse	29	J	S. Saturnin	29	S	S? Éléonore
30	L	S. Rufin	30	J	S? Rose	30	D	☾ S. Jérôme	30	M	S. Marcel	30	V	S. André	30	D	S. Sabin
31	M	S. Ign. Loy.	31	V	☾ S. Fiacre				31	M	S. Quentin				31	L	S. Sylvestre